ESSAI

SUR

UN SYSTÊME *simple et uniforme de Liquidation des Dettes actives et passives contractées, par suite des Evènemens de la guerre, tant dans l'intérieur de la France, que chez les Puissances Etrangères.*

PAR **SOULIÉ**,

Ex-Commissaire des Guerres Adjoint.

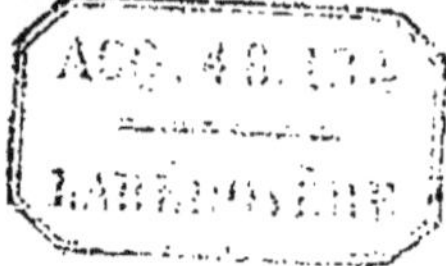

A PARIS,

LOTTIN DE S.-GERMAIN, IMPRIMEUR DU ROI.

1818.

A SON EXCELLENCE

MONSIEUR LE COMTE GOUVION S.-CYR,

MARÉCHAL DE FRANCE,

MINISTRE DE LA GUERRE.

MONSEIGNEUR,

Permettez-moi de soumettre, à votre Excellence, le faible tribut de mon

TABLE

DES DIVISIONS DE L'OUVRAGE.

ESSAI

Sur un systéme simple et uniforme de Liquidation des Dettes actives et pas=sives contractées, par suite des Evè=nemens de la guerre, tant dans l'intérieur de la France, que chez les Puissances Étrangères, applicable aux opérations des Directeurs de la liquidation de la Dette nationale, et de la Commission Mixte *établie pour l'apurement des créances, ou récla-mées, ou dues par les Puissances Étrangères.*

§. Ier. *Introduction.*

Vingt-cinq ans de guerres continuelles sur tous les points de l'Europe, l'impossibilité d'adopter et de suivre un systéme d'adminis-tration toujours égal, les révolutions, les changemens des Gouvernemens qui ont été l'inévitable résultat de ces guerres, ont jeté dans l'économie financière de toutes les Puis=

sances, une confusion dont l'effrayant tableau, n'a frappé tous les regards que lorsque les évènemens de 1814, ont donné à tous les droits, à tous les intérêts, une direction toute nouvelle. Au besoin de se défendre a succédé celui de calculer des pertes et de les réparer.

Le froissement de tant de prétentions opposées a fait naître déjà une foule d'écrits. Mais la plupart des auteurs étrangers à l'administration, ont été plus jaloux d'alimenter la malignité publique, que de s'occuper des moyens de remédier aux maux qui nous accablent.

Il était réservé à la France de donner à l'Europe étonnée le double exemple du courage guerrier et du courage politique.

Si une économie sévère, un systême mieux ordonné dans l'emploi de ses revenus pour acquitter ses dettes courantes, sont le seul remède pour prévenir le retour d'un autre déficit, il n'est pas moins nécessaire d'être fixé d'une manière invariable et claire sur le déficit résultant des opérations de l'ancien Gouvernement.

Mais quel serait le moyen le plus sur de connaître notre situation financière active et passive avec les Puissances Etrangères, les

divers services de nos armées dans l'intérieur
et au-delà de nos frontières ; de liquider ces
diverses créances d'après un principe unique,
également juste, qui conciliat les intérêts du
trésor public et ceux des comptables ; soit
qu'ils aient géré pour le compte du Gouvernement, ou en vertu de marchés spéciaux ?

Tel est le double problème que j'ai essayé
de résoudre.

Employé pendant dix ans en qualité de
Commissaire des guerres, dans l'intérieur et
aux armées actives, j'ai été à même de suivre
dans leur ensemble et leur moindre détail la
marche des administrations militaires.

Je dois aux leçons et à l'exemple d'un oncle,
qui a joui, comme administrateur, d'une ré-
putation aussi étendue que méritée, ce goût
d'ordre et d'observation qui m'ont guidé dans
l'exercice de mes fonctions.

C'est le fruit de mes études et de mon expérience que je soumets aux méditations des
hommes d'État, qui par les importantes et
pénibles attributions de leurs hautes fonctions
sont appelés à diriger l'immense travail de
l'apurement de notre dette publique.

Je ne prétends point dicter des règles extraordinaires. Je ne veux qu'être utile, et,

si ce faible essai a pu faire naître l'idée d'un meilleur systême, je m'estimerai trop heureux de n'être pas tout-à-fait étranger à l'amélioration de cette partie de l'administration publique.

Il m'eut été facile sans doute de fixer sur mon ouvrage l'attention générale sans m'écarter de la vérité. J'eusse pû me permettre d'incontestables mais effrayantes applications.

Je n'ai voulu qu'être vrai, sans être méchant ; et, s'il est nécessaire de diminuer le fardeau des contributions, il ne l'est pas moins de maintenir la paix et l'union entre tous les français ; et d'effacer, détruire jusqu'aux moindres germes des haines publiques et particulières.

J'exposerai les faits avec franchise et le plus clairement qu'il me sera possible.

Le systême adopté jusqu'à présent pour arriver à un résultat certain, peut-il remplir les vues du Gouvernement et de la France ? J'ose croire et soutenir le contraire. Le systême adopté n'a réalisé pour nous que la fable du tonneau des Danaïdes.

§. II. *Inconvenance du mode actuel de Liquidation.*

Au lieu de chercher franchement si les

sommes réclamées étaient l'équivalent des objets réellement consommés pour le service ; l'on s'est borné à donner à ce qu'on appelle *les formalités*, un droit exclusivement acquis à ces créances.

Delà les déviations sans bornes, les tatonnemens sans résultat, conséquence inévitable d'un système qui ne peut avoir de bases fixes et invariables.

Un examen impartial et approfondi de l'évaluation, de la circulation des crédits ouverts ; de la classification et de la direction des dépenses, auxquelles ont dû être employés ces mêmes crédits, eut dirigé les liquidateurs dans leurs opérations, leur eut indiqué dans leurs chances, les changemens résultant des circonstances locales, des besoins imprévus, et surtout de l'influence de l'autorité militaire active sur l'administration.

Mais en s'assujettissant continuellement aux erremens routiniers d'une liquidation ordinaire, on s'est placé dans l'absolue impossibilité d'atteindre le but toujours désiré, toujours promis et jamais atteint depuis 1806. (1)

____

(1) Il avait d'abord été décidé que les liquidations ne comprendraient que les dépenses depuis 1806, mais par des dispositions ultérieures, elles remontent à des années bien antérieures.

§. III. *Nomenclature des articles de dépense.*

La liquidation des dépenses aux armées se subdivise en autant de parties, autant de branches de travail, et forment autant de chapitres dans le budget des dépenses, savoir :

1º. Solde ;

2º. Artillerie ;

3º. Génie ;

4º. Masses de la garde ;

5º. Dépenses diverses ;

6º. Subsides ;

7º. Boulangerie ;

8º. Vivres de campagne ;

9º. Fournitures extraordinaires de vivres ;

10º. Fourrages ;

11º. Habillement ;

12º. Campement ;

13º. Convois et transports ;

14º. Remontes ;

15º. Hôpitaux ;

16º. Approvisionnemens de siège ;

17º. Frais d'administration extérieure ;

18º. Frais de poste ;

19º. Gratification d'entrée en campagne et pertes d'effets ;

20º. Dépenses diverses et imprévues ;

Chacun de ces chapitres se subdivise encore en autant de comptabilités spéciales qu'il se trouve dans chacune des parties, de fournisseurs et de comptables sous le titre de Régie, de Commissions, Entreprises, etc. etc. etc. et autant de bureaux distincts et isolés au ministère de la guerre.

Les chapitres indiqués plus haut ont servi de base aux crédits présumés nécessaires aux dépenses.

§. IV. *Classification des crédits.*

Les crédits ont été ouverts en faveur d'un chef d'administration générale suivant les circonstances et les localités, par les ministres qui puisaient dans le trésor national, par le chef du Gouvernement pour les armées qu'il commandait lui-même, par le Major-général, les Maréchaux commandant les corps d'armée.

Les crédits ouverts sur les lieux occupés par les armées, étaient pris sur les contributions de guerre ou d'autres valeurs provenant des pays conquis.

Le Chef de l'administration générale en faveur duquel ces divers crédits étaient ouverts, a dû en faire l'application aux objets qui lui étaient spécialement désignés, ou à ceux qu'il jugeait le plus *urgemment* nécessaires.

Mais ces mêmes crédits n'étaient mis à sa disposition que nominalement ; ils ne se réalisaient que dans les mains d'un autre chef d'administration, qui en a disposé, en soldant les mandats délivrés par le premier.

Cette importante opération financière eut été d'un apurement facile si elle eut été concentrée exclusivement dans ces deux agens supérieurs.

Le premier était l'*Intendant-général*, le second le *Payeur général.*

Mais il leur en fut adjoint un troisième pour l'encaissement des contributions de guerre, sous le titre de *Receveur général des contributions et des domaines.*

Il semblerait du moins que les opérations de ces trois agens généraux devraient fournir tous les éléments nécessaires pour établir la base certaine et positive de la masse des dépenses.

§. V. *Administrations divisionnaires.*

Mais indépendamment de l'*Intendant géné*

ral, du *Payeur général*, du *Receveur général*, les Provinces conquises avaient pour administrateurs immédiats des intendans particuliers et les corps d'armée des Ordonnateurs.

Il est bien vrai que les opérations de ces autorités secondaires auraient dû se rattacher à celles de l'intendant général ; mais cette harmonie, si nécessaire à l'économie d'un bon système d'administration , devenait souvent impossible par la force des circonstances, l'urgence des besoins, les événemens d'un siége, et autres de même nature.

Et dans ces divers cas elles ont opéré sans le concours de la première.

§. VI. *Mode réglémentaire et unique des premières opérations administratives.*

Il conviendrait pour la concordance de ces opérations, originairement distinctes et isolées, et avant de procéder à aucune liquidation, de s'assurer de la nature, du montant et de l'emploi des crédits ; d'examiner s'ils se sont accrus par des recettes accidentelles ; établir un mode réglémentaire, unique, des premières opérations administratives, quelle qu'ait été l'autorité qui les ait dirigées.

Ce mode réglémentaire mettrait en rapport toute la masse des recettes avec celle des besoins qui ont donné lieu à la consommation des crédits ouverts.

On obtiendrait par l'application rigoureuse de ce mode, en un seul résultat exact et positif, le total des créances à liquider.

On éviterait le grave inconvénient d'ordonnancer dans leur intégralité des dépenses dont l'allocation a pu recevoir des modifications ultérieures.

Ainsi des dépenses payables par le trésor national ont pu être acquittées au moyen des ressources locales, soit en nature, soit en deniers, en tout ou en partie.

Comment obtenir cette distinction importante, si l'on prend pour base unique de la liquidation les pièces revêtues seulement de la *formalité* de l'ordonnance?

N'est-ce pas s'exposer à sanctionner une foule de doubles emplois dans les recettes et les dépenses, et doubler, tripler les charges publiques?

Il importe donc de substituer à la routine des bureaux, jusqu'ici incertaine dans sa marche, vaine dans ses résultats, le mode réglémentaire que l'on a proposé.

§. VII. *Application de ce mode aux opérations de la commission mixte.*

Ce mode, si simple, si clair, si précis, loin de s'affaiblir par une application étendue aux créances des Puissances étrangères, en rendrait l'apurement plus facile, plus rapide et plus juste.

Ainsi la commission mixte, établie pour constater la situation active et passive des créances dues ou réclamées par les Puissances étrangères, pourrait donner ou recevoir, par l'application du même principe, des documens certains pour la fixation de son travail. Les deux opérations de liquidation se contrôleraient ainsi réciproquement.

La masse réelle des besoins et des dépenses, dans l'une et l'autre partie, serait bien connue, tous les points de comptabilité mis au plus grand jour, et rien n'entraverait la marche rapide et franche de la commission; les points litigieux seraient débarrassés des difficultés, que la loyauté même des parties ne pourrait éviter ni résoudre, si l'on persiste à s'égarer dans les déviations, toujours croissantes, d'un système sans base et sans principes fixes.

Telle créance qui présente de puissance à puissance des difficultés, en apparence, insurmontables dans l'état actuel des choses, pourrait sans nul débat se terminer par une simple compensation.

§. VIII. *Moyen d'exécution.*

Mais comment réunir en un seul corps, en une seule masse, ces besoins, ces dépenses si compliqués, et dont l'ensemble embrasse un espace immense et se compose de tant d'alimens de nature absolument différente ?

Ce travail ne peut paraître difficile qu'à l'égoïsme ou à la mauvaise foi. Mais des hommes, de vrais Français, sincèrement dévoués aux intérêts de la Patrie, et habitués à suivre les règles d'une scrupuleuse probité, surmonteront facilement les obstacles, et bientôt des résultats certains et satisfaisants couronneront leurs généreux efforts.

Ce travail se divise en deux parties : il est aisé d'en réunir les matériaux. Il faut d'abord établir la somme des besoins, qui donnera nécessairement celle des dépenses exigibles ; ensuite partir de cette base pour connaître la quotité de la dette légitime.

On y parviendra en réunissant et classant, avec un ordre méthodique, les actes d'administration ; en classant séparément ceux qui établissent la somme des besoins, et ceux qui établissent celle des créances à liquider.

Tous ces documens existent ; il ne s'agit que de les colliger, de centraliser ainsi toutes les opérations des autorités françaises et celles des autorités locales des Puissances étrangères.

Vainement on prétendrait que ce travail préparatoire exigera de longues recherches, de laborieuses vérifications avant de présenter des résultats positifs ; mais on ne contestera pas du moins, qu'en suivant cette marche on n'ait un but certain, vers lequel on se dirigerait d'une manière sensible, et que l'on aura la certitude d'atteindre. Tandis qu'en se trainant sur les erremens suivis jusqu'à ce jour, on est sans guide et sans succès, sans point de départ et sans but déterminé.

Depuis vingt ans quel résultat a-t-on obtenu ?

Des hommes ineptes ont voulu tout éclaircir, et ont tout embrouillé ; d'autres, plus attachés à leurs intérêts personnels qu'à leurs devoirs, ont spéculé sur les embarras, même des comptables et du Gouvernement ; et, presque tous, n'ont cherché qu'à se rendre nécessaires, et à se perpétuer dans des emplois plus lucratifs que pénibles pour eux.

§. IX. *Division des Recettes et des Dépenses.*

J'ai déjà fait remarquer que les crédits ouverts pour les dépenses composaient, dans la répartition du travail suivi au ministère de la guerre, vingt chapitres distincts, qui formaient autant d'administrations militaires ; délà ces ramifications sans nombre, isolées de tout centre commun (1).

Cette division n'embrassait encore que les recettes et dépenses en deniers ; mais la nature des choses a donné lieu pour les recettes et dépenses en matières, à une division qui a augmenté et compliqué singulièrement les ramifications de la comptabilité en deniers, déjà trop nombreuses.

Cette seconde division se compose,

---

(1) J'appelle centre commun, le positif des premières opérations administratives, c'est-à-dire, la somme réelle des besoins, adoptée pour base de l'évaluation des créances, et dont l'application eut éclairé l'ensemble de chacune des parties de la liquidation.

SAVOIR :

Pour les recettes,

1°. Des restants en magasins, au commen-
cement d'une campagne ;

2°. Des expéditions de France ;

3°. Du produit des marchés ;

4°. Du produit des réquisitions, *non admis-*
sibles en paiement des contributions ;

5°. Du produit des réquisitions *imputables*
sur les contributions de guerre ;

6°. Des magasins pris sur l'ennemi.

Pour les dépenses,

1°. Des distributions aux troupes et autres
parties prenantes ;

2°. Des fournitures aux hôpitaux ;

3°. De pertes provenant { de prises par l'ennemi ; d'incendie ; d'inondation ; ou d'autres cause de force majeure ;

4. Des déficits ;

5°. Des déchets ;

6°. Des ventes des denrées ou effets ;

7°. Des
{ remises par cessation de
service ;
dépôts ;
abandons des denrées ou
effets ; }
aux
autorités
locales

8°. Des versemens
{ à d'autres services, ou administrations de l'armée ;
directs à la troupe, aux corps
ou divisions d'armée ;
d'un magasin sur un autre
et aux comptables des
corps d'armée ; }

9°. Des prêts aux autorités, administrations, ou hospices.

Ces comptabilités ne sont assujetties qu'à un examen isolé, sans autre point de contact entre elles, que l'application banale des *formalités*, qui, considérées intrinséquement, ne présentent aucune base de garantie pour l'emploi des deniers publics.

Ces formalités n'ont pas toujours été considérées comme imprimant, au titre qui en est revêtu, un caractère invariable de légitimité.

Il me suffira, pour justifier ce point de fait important, de rappeler qu'en 1805, on parut travailler franchement à débrouiller le chaos

des liquidations, et, pour y parvenir, on cher-
cha ailleurs que dans l'observation des formalités, la preuve de la légitimité de la créance à
liquider.

Une nouvelle disposition de législation militaire, adoptant pour principe d'évaluation,
celle de la consommation réelle, prescrivit
l'ordre formel de forcer les parties prenantes
à restitution, pour les excédants de consommation, sans avoir égard au titre, revêtu de la formalité voulue par les réglements, et sur lequel
la partie prenante établissait son droit à un
paiement intégral.

§. X. *Du visa ou formalité.*

Lors de la création du corps des Inspecteurs
aux revues, les commissaires des guerres ces-
sèrent de s'occuper du contrôle des troupes : ils
n'ont plus été que les simples surveillants des
autres branches de l'administration militaire.

Je dis simples surveillants, car ils n'exer-
çaient pas exclusivement leur police sur toutes
les parties du matériel. Ils se virent enlever en
même temps les attributions les plus importantes de leur institution primitive, et tombè-
rent dans une sorte de déconsidération, par le

peu d'importance attachée à leurs fonctions, devenues essentiellement dépendantes.

Leurs *signatures* ou *visa* furent assujettis au contrôle des inspecteurs aux revues, dont les opérations devaient seules servir de garantie aux paiemens effectués par le trésor.

Il est donc vrai de dire que le *visa* des commissaires des guerres, n'était dès-lors nullement considéré comme suffisant pour constater et valider les pièces comptables, puisque les inspecteurs aux revues pouvaient les frapper de nullité, d'après le principe que les consommations établies par ces pièces, excédant les besoins réels, cet excédant était à la charge des corps ou autres parties prenantes.

On est revenu cependant à ce faux système, d'attribuer au *visa* des commissaires des guerres, le droit de valider les pièces comptables. Ainsi le *visa* appelé, en style de liquidation, *formalité*, est redevenu la règle des liquidateurs.

Comment expliquer cette singulière attribution administrative, avec ce qui s'observe et ce qui s'est toujours observé, même dans la liquidation des comptabilités individuelles. Pourquoi les simples commis chargés de cet examen de détail, rejettent-ils chaque jour des pièces revêtues de la formalité du *visa*, si d'ailleurs les dépenses que constate cette *formalité*, ont été faites hors les cas, et à une quotité que prescrivent les lois et les réglemens militaires?

Si en effet le *visa* suffit pour valider l'emploi d'une somme ou d'une fourniture quelconque, chaque article du *visa* doit, par cela seul, être alloué en dépense aux comptables, et dès-lors il ne s'agirait plus que de s'assurer de l'existence du *visa*.

Mais il n'est pas exact de prétendre que ce moyen, qui mettrait la fortune publique et particulière à la merci des commissaires des guerres, soit la règle invariable des opérations des liquidateurs.

Ce *visa* n'est qu'une présomption et non pas une preuve de la validité des titres qui en sont revêtus, puisque les mêmes titres visés, sont indispensablement assujettis au contrôle ultérieur des inspecteurs aux revues.

§. XI. *Insuffisance des opérations des Inspecteurs aux revues.*

Si des circonstances extraordinaires n'avaient empêché les inspecteurs aux revues de remplir leurs fonctions avec une sévère exactitude, leur travail aurait pu servir de terme de com-

paraison, et indiquer la somme réelle des consommations ; mais vainement on chercherait ,
dans l'examen de leurs papiers que présentent
leurs travaux, une série exacte et juste de documens sur ce point.

Les causes de ces lacunes irréparables, tiennent à des événemens trop connus, pour qu'on
puisse sérieusement les contester.

Le licenciement de l'armée en 1815, a grévé
le trésor public de toutes les dettes des régimens, sans aucun espoir de compensation.

J'indiquerai plus bas les autres causes qui
ont rendu également impossible la rédaction
et le contrôle des comptabilités.

Je me bornerai à faire remarquer ici que la
formalité du *visa* des commissaires des guerres,
a été trop longtemps considérée comme si peu
importante , que des comptables n'ont pas
craint de les remplir eux-mêmes , et qu'ils l'ont
fait sans le moindre danger.

Comment expliquer cette tolérance singulière dans des bureaux où, pour les mêmes
causes, on attache tant d'intérêt à l'identité de
ce *visa* ?

Il faut chercher l'explication de cette étrange
contradiction, dans l'ignorance absolue des
véritables règles d'ordre général, qui embras-

sent un système fixe de comptabilité, dans son ensemble et ses moindres détails.

Il fallait néanmoins à ces examinateurs un point de départ, une base quelconque, et il leur a paru tout simple de s'arrêter à une formalité qui, appréciée à sa juste valeur, n'eût paru qu'un document sans caractère légal.

§. XII. *Formalité du visa du Commissaire des guerres ne peut, seule appréciée, justifier la quotité des dépenses. — Exemple.*

J'ai dit que cette formalité n'est point et ne peut être par elle-même la preuve de la validité de la pièce sur laquelle elle a été apposée.

Je vais appuyer cette proposition d'un exemple pris dans les éléments d'une comptabilité particulière : celle d'un hôpital militaire.

L'administration d'un tel établissement est celle de l'intérieur d'une grande famille. Il faut pourvoir aux besoins des militaires dans l'état de maladie. Ce soin exige une immensité de détails, dont l'emploi et les dépenses tiennent essentiellement à l'économie locale, dirigée par le comptable intéressé à ne pas l'ignorer.

La fixation des consommations est déterminée, 1°. par le tarif du réglement; 2°. par la prescription des officiers de santé ; mais les localités ne permettent pas de suivre les dispositions formelles du réglement qui n'a pu prévoir tous les cas.

Les médicamens, les aliments prescrits sont remplacés par des analogues. Souvent même ces substitutions ont lieu par la seule collusion intéressée du pharmacien et de l'économe.

Dans ce dernier cas la santé, la vie même des malades sont sacrifiés aux calculs d'une cupidité meurtrière, dont les coupables auteurs tirent un lucre considérable, parce que la communauté des consommations a une progression décroissante dans les dépenses.

Le militaire malade éprouve des privations dont il ignore souvent la cause, et dont il ne peut par conséquent se plaindre.

Cependant l'état de consommation est régulier dans sa forme, et rédigé d'après les dispositions du tarif; il est appuyé des feuilles de visite et de mouvement, et revêtu du *visa* du commissaire des guerres. Dans cette hypothèse, pourrait-on dire que le *visa* du commissaire des guerres offre une suffisante garantie de la validité des dépenses?

Des surprises non moins préjudiciables aux

besoins du service et aux intérêts du trésor public, se répètent sous d'autres rapports pour les services du génie, de l'artillerie, de la gestion d'une fonderie, d'une manufacture d'armes, et autres parties de l'administration militaire, où la science du commerce et des arts mécaniques offre à la cupidité, des occasions journalières de bénéfices considérables pour les comptables gérants.

L'exemple que j'ai cité suffira sans doute pour démontrer quelle sorte de garantie peut offrir, dans les liquidations, la seule formalité du *visa* ?

Prétendra-t-on encore qu'on ne doit point rejeter une comptabilité générale ou spéciale, revêtue des formalités prescrites, et que l'examen moral en est impossible ?

Que veut, que demande le gouvernement dont le premier désir et le premier besoin est d'être juste ?

« On a fait une dépense pour le service pu» blic, mais je ne veux la payer qu'avec entière » connaissance de cause. »

Quelle réponse faire à un argument aussi franc et aussi louable ? Où trouver le moyen d'obtenir l'appréciation réelle et morale des différentes branches de la dette publique ?

Cette réponse est, depuis longtemps, faite par l'opinion publique même. Depuis longtemps elle signale cette scandaleuse légion de fournisseurs et de comptables, qui ont acquis si rapidement une fortune de plusieurs millions, et qui hâtent, par des efforts aussi opiniâtres qu'heureux , la liquidation d'autres créances, s'élevant encore à plusieurs autres millions.

Depuis vingt-cinq ans , ils tiennent en état de siége les bureaux de plusieurs ministères, et leurs brillants équipages sont devenus stationnaires dans les cours de la banque et de la trésorerie.

§. XIII. *Impossibilité fréquente de l'observation immédiate du visa.*

Les grands mouvemens des armées ont rendu inévitable la division des régimens en détachemens isolés, souvent à d'immenses distances. Ces fractions de régimens ont été administrées isolément. L'imprévoyance , et souvent des succès et des désastres également extraordinaires, n'ont point permis d'établir, avec une régularité spontanée, les comptabilités. Il a souvent été impossible d'en dresser les états , d'en réunir, d'en rédiger même tous les éléments à temps utile.

Ces comptabilités n'ont été *créées*, qu'après l'entière exécution des services et dans d'autres lieux que ceux où les objets de dépense, dont elles se composaient, ont été consommés.

Comment en pareil cas, établir la quotité des dépenses exigibles, sur une autre base, que la quotité réelle des besoins, calculés d'après le nombre et la qualité des consommateurs et la notoriété des évènemens ?...

Il en est tout autrement dans le système de liquidation adopté.

Dans l'hypothèse que je viens de rappeler et qui s'est renouvellée si souvent, les comptables, se trouvant éloignés des fonctionnaires militaires, qui avaient été spécialement chargés de la police de leur service, ne pouvant faire admettre leur comptabilité, d'ailleurs tardivement rédigée, sans les avoir préalablement fait régulariser par la formalité du *visa*, obtiennent sans nulle difficulté une autorisation spéciale, qui commet un fonctionnaire militaire pour procéder à cette régularisation.

Quelle garantie peut offrir au trésor public, l'observation de cette formalité, remplie par un fonctionnaire absolument étranger à la cause des consommations et à la connaissance des motifs qui en ont provoqué l'emploi?

Et ces régularisations si hasardées, si tardives ne peuvent rien prouver quant au fond des titres qu'elles terminent, sans les rendre meilleurs : et elles sont journellement appliquées à la confection de cette immense multitude de comptabilités de tous genres et dont la liquidation est ordonnée à dater des premières années du Gouvernement consulaire.

§. XIV. *Liquidation des créances Françaises et Étrangères.*

Depuis cette époque déjà si loin de nous, les dépenses militaires qui ont eu lieu dans l'intérieur de la France sont considérables, celles qui ont été faites hors de nos frontières sont immenses.

Ces dernières se rattachent à des intérêts qui ont fait partie des traités intervenus entre les principales puissances de l'Europe, et réclament parconséquent l'initiative de l'urgence dans l'ordre des liquidations.

Mais il est incontestable que hors de nos frontières, nos armées n'ont pas été entièrement à la charge des Puissances Etrangères. Des fournitures de tout genre ont été tirées des magasins de l'intérieur : des sommes considérables ont été expédiées par le trésor national.

L'affinité des créances réclamées par les Puissances étrangères, ou leurs sujets, avec celles des fournisseurs et autres comptables français, également en liquidation, est évidente.

Or, ces deux liquidations doivent s'apurer en même temps et se contrôler respectivement.

On ne prétendra point contester que dans les provinces conquises, qui ont été administrées à l'instar de l'intérieur de la France, le trésor français et les contributions locales n'aient simultanément concouru à l'acquittement des dépenses.

Il convient donc de distinguer la nature et la quotité des recettes, les mettre en rapport avec la masse des besoins, s'assurer s'il y a excédant et établir une juste balance de compensation, s'il y a lieu.

Les fournisseurs généraux surtout, ont grossi leur crédit par une foule de doubles emplois plus ou moins exhorbitants, tant pour les services de l'intérieur de la France, que ceux de nos armées sur les territoires étrangers.

Si nos institutions administratives eussent

été mieux conçues et mieux dirigées , les services eussent été remplis avec plus d'exactitude et beaucoup moins de frais.

Mais trop souvent l'imprévoyance ou l'incapacité des fonctionnaires chargés de diriger , de surveiller l'exécution des traités des mille et une entreprises militaires, ont favorisé la cupidité des entrepreneurs et les ont mis à même de se trouver les principaux créanciers de l'Etat , au détriment de l'Etat lui-même et des véritables créanciers.

Pendant les campagnes de 1814 et 1815 , on remarque des lacunes considérables dans l'exécution des services des fournisseurs.

Les communes ont été requises de faire et ont fait en effet des avances plus ou moins dispendieuses. Le Gouvernement a fait exécuter en partie les services. La situation malheureuse de l'armée avait jeté le plus grand désordre dans l'exploitation des services.

Les consommations étaient augmentées par l'encombrement des gardes urbaines et d'autres corps auxiliaires incorporés sans ordre , par une infinité de détachemens de régimens et de compagnies isolés de tout cadre.

Nulle hiérarchie dans la discipline, ni dans l'administration ; des mutations journalières dans l'occupation du territoire ; les troupes partant sans régulariser les dépenses de consommation ; les comptables n'ayant que peu ou même point de pièces justificatives de leur dépenses.

Tel a été l'état des choses pendant le cours orageux de ces deux pénibles campagnes.

En 1816, les fournisseurs ont été officiellement autorisés à faire le retrait des pièces de dépenses, non-seulement pour la partie de service exploité par eux, mais pour l'intégralité des consommations fournies à leur défaut par les communes, les autorités locales, ou provenant d'autres causes étrangères aux avances des fournisseurs.

On a voulu par cette mesure, vraiment extraordinaire, centraliser les dépenses dans une seule comptabilité, afin de n'avoir qu'une seule ordonnance à expédier.

N'était-il pas également contraire aux intérêts du trésor public et aux principes de la justice d'ordonner une semblable mesure dans le temps où les communes rivalisaient de dévouement et s'empressaient de venir déposer sur l'autel de la Patrie, le don de leurs avances ; dans le temps où les préfets obtenaient des indemnités en dégrèvement de l'impôt en faveur des habitants qui avaient le plus souffert du séjour des troupes françaises et étrangères, et fait de grandes avances pour leurs besoins ?

N'était-il pas plus simple de liquider directement les communes et d'établir les compensations qui devaient résulter des dons faits à l'Etat; de s'entendre avec les autorisés locales et les préfets sur la nature, la quotité et la valeur des consommations, qui avaient eu lieu, aux frais des particuliers; de liquider simultanément les fournisseurs pour la partie du service qu'ils avaient eux-mêmes exécuté ?...

Le retrait n'a jamais été avantageux qu'aux fournisseurs; il simplifie le travail des bureaux, ou plutôt il en rend l'expédition plus facile, mais nullement équitable; cette simplification du travail n'est que momentanée, puisqu'il n'en faut pas moins revenir à la liquidation des communes. Il en résulte inévitablement un double emploi dans la somme des dépenses extrêmement préjudiciable aux intérêts du trésor.

On prétend justifier cette désastreuse mesure du retrait, sur une prétendue nécessité de centraliser les comptabilités.

C'est un étrange abus de mots et des prin-

cipes. N'est-il pas plus conforme aux règles
d'une sage centralisation , dans la véritable
acception du mot , d'établir toutes les branches de fournitures , et le décompte respectif
des parties qui les ont livrées, pour contrôler
leurs prétentions respectives et former le montant des sommes payées à chacune des parties.
Le total des deux débets , sera égal à la valeur
et la quotité des fournitures réellement con-
sommées.

Toutes les comptabilités dont se composent
les divisions indiquées ci-dessus (page 15),
sont viciées des erreurs que je viens de signaler.

Il importe donc au trésor public, et au bien
même du service, de renoncer au système de
liquidation adopté jusqu'à présent, et de cesser
enfin de les liquider isolément.

Il est vraisemblable qu'en ne les considé-
rant que comme des corollaires des premières
opérations administratives, il est du moins certain , qu'il résultera d'une liquidation simul-
tanée de grandes économies pour le trésor.

§. XV. *Administration intérieure des troupes.*

L'institution des inspecteurs aux revues sem-
blait faire espérer , que l'administration inté-

rieure des troupes n'offrirait que des résultats clairs et précis.

Mais la déviation continuelle des principes élémentaires des comptabilités (1), la division en fraction des régimens, l'emploi des détachemens du même corps, sur divers points et à des distances souvent très-éloignées, leur administration éventuelle, les désastres des campagnes de 1812 et 1813 ont rendu plus ténébreux et plus effrayant le chaos des comptabilités.

La plus grande partie de fractions de régimens, détachées, est rentrée en France sans aucun élément de comptabilité : il en est qui ont perdu les officiers et même les sous-officiers qui auraient pu fournir des renseignemens pour établir ces comptabilités.

Ces détachemens isolés de leur administration principale, presque toujours restée en France, ont reçu de la grande administration, aux armées, des effets en nature et des secours à leurs masses, tandis que l'administration spéciale des corps, auxquels appartenaient ces détachemens, recevait périodiquement, en France, en fournitures et en fonds d'entre

----

(1) Si l'on peut appeler principes cette multitude de réglemens, circulaires, décisions que l'on peut compter par milliers.

tien , au prorata de l'effectif intégral du corps entier.

Les corps de troupes avaient leurs fournisseurs spéciaux , que l'on peut diviser en trois classes :

La première comprenait ceux qui , sur des ordres directs du gouvernement , fournissaient des matières non confectionnées , ou des effets confectionnés ;

La deuxième , ceux qui , en exécution de marchés faits par eux avec les conseils d'administration des corps , fournissaient le complément des fournitures ordonnées par le gouvernement ;

La troisième , ceux qui fournissaient aux corps les effets remboursables par la masse , de linge et chaussure , et dont le fonds de remboursement provenait d'une retenue exercée sur la solde individuelle.

Dans un état de choses ordinaires , c'est-à-dire , si les troupes n'eussent pas été licenciées , les deux premières classes eussent été seules admissibles à la liquidation du gouvernement. Mais l'Etat se trouvant, par suite du licenciement, grevé des dettes des troupes, dont il a repris les caisses et les papiers , la troisième a été, par l'effet de cette novation, appelée à la liquidation ministérielle.

Après la dislocation de tous les corps, la dispersion des officiers, sous-officiers et soldats sur tous les points de la France, des départements qui ont cessé de faire partie de son territoire, on est forcé de renoncer à l'espoir de faire réintégrer au trésor les imputations qu'on aurait pu leur faire, s'ils avaient conservé leur existence militaire. Toute compensation à cet égard est devenue impossible.

Cependant, depuis trois ans, on s'occupe sérieusement de l'apurement de ces comptabilités, dont les premiers éléments sont perdus sans retour ; et l'unique résultat de ce travail immense, et sans base, sera d'ajouter à des sommes dont l'existence est même impossible à établir, des frais d'administration incalculables.

Ce genre de liquidation si importante ne peut être suivi d'après les règles ordinaires.

§. XVI. *Soldes arriérées.*

Les événemens de 1814 et 1815 ont rejeté des cadres les officiers, sous-officiers et soldats

de toute armé, et tous les employés d'adminis=
tration.

Il était dû à ces deux époques un arriéré
de solde considérable, aux armées du Nord,
d'Italie et d'Espagne.

La liquidation de cet arriéré de solde a été
centralisé à Paris.

Ainsi les hommes, dont elles se composaient, ont dû venir, ou se faire représenter
à Paris, pour y être liquidés. Quelques militaires étaient porteurs d'extraits de revue, qui
constataient leurs droits ; mais ce nombre était
bien faible : les trois quarts au moins en étaient
dépourvus.

Des décisions *collectives* ont autorisé les
inspecteurs aux revues de la première division
militaire à délivrer à ces militaires les extraits
de revue qui leur manquaient.

On a tellement compliqué cette seule partie
de liquidation, qu'on a calculé qu'un quart de
siècle sera à peine suffisant pour la terminer.
Que de temps, que de frais d'administration,
sans résultat utile !

§. XVII. *Marche des Liquidations depuis*
l'an VIII (1800).

Depuis l'an VIII (1800) on s'occupe de la

liquidation des dépenses militaires ; et voici comme le travail s'en est successivement augmenté.

A l'issue de chaque campagne on nommait, pour les dépenses auxquelles elle avait donné lieu, une commission spéciale, qui organisait ses bureaux, classait les papiers, multipliait les décisions et les circulaires, sur les formalités à remplir.

Ces commissions successives étaient composées d'administrateurs militaires, qui, appelés à un service actif, à l'ouverture d'une nouvelle campagne, les travaux de liquidation restaient suspendus. De nouvelles comptabilités venaient s'entasser sur les comptabilités non liquidées, et restaient exposées aux mêmes chances.

Ces commissions périodiques se succédaient sans succès, et même sans but déterminé.

Ce ne fut qu'en 1814 que l'on s'aperçut de leur dispendieuse inutilité.

Alors fut organisée la direction des liquidations, présidée par M. le comte Dumas.

Cette direction, n'ayant point trouvé d'exercice entièrement liquidé, a été obligée de reprendre tout le travail dont avaient été successivement chargées les commissions périodiques, reprendre les travaux de liquidation depuis l'an VIII (1800).

Ses bureaux étaient organisés, ses opérations commencées ; les lumières, la loyauté du directeur général devaient faire espérer une amélioration dans cette importante partie de l'administration financière.

Mais cette direction fut supprimée dans le cours de la même année 1814, et toutes les liquidations sont rentrées dans les attributions du ministère de la guerre, où d'autres bureaux ont été organisés et se sont peuplés de commis de tout grade et de liasses de toutes les dimensions.

§. XVIII. *Nécessité d'une nouvelle division du travail, moins dispendieuse, plus rapide et plus simple. — Dépenses des services de l'intérieur.*

Plus le mécanisme du travail de ces liquidations est connu, plus il est difficile d'en déterminer la durée. Une seule pièce est-elle *informe?* On écrit pour la faire régulariser, et, en attendant les renseignemens demandés, l'entière liquidation de la comptabilité, dont cette pièce trouvée *informe* fait partie, est *mise de côté.*

Le commis qui était spécialement chargé de cette liquidation est-il renvoyé? Celui qui le remplace ne s'en occupe que lorsque le hasard la fait tomber sous sa main.

Faut-il des renseignemens sur un ou plusieurs articles en liquidation? On écrit encore, et l'on attend plusieurs mois, une année, avant d'en reprendre l'examen.

Et ces retards se renouvellent pour la presque totalité des liquidations. Quel terme assigner à un travail si décousu, qu'il faut quitter, reprendre, et quitter encore?...

Si, au lieu de les traiter isolément, on avait adopté une règle d'ordre général, un système applicable à toutes les hypothèses, ces liquidations seraient très-avancées, si même elles n'étaient pas entièrement terminées.

Le premier principe d'une sage économie administrative, est une division de travail bien coordonnée.

Je n'entends point par division du travail, celle qui crée et peuple de commis un grand nombre de bureaux, mais qui est basée sur une marche claire et uniforme, dont chaque opération essentiellement utile, se rattache sans effort à un système général qui en réunit, en un point fixe et invariable, les heureux résultats.

Le seul service intérieur de la France, forme une partie considérable de masse énorme des comptabilités à liquider. Pourquoi persisterait-on à en confier exclusivement l'apurement à des commis stationnaires à Paris, et obligés de perdre en correspondance, pour des renseignemens ou des renvois de documens, un temps perdu pour le matériel de leur travail?

Ne serait-il pas à la fois plus simple, plus sûr, et plus utile de confier d'abord ce travail à des Magistrats, ayant sous leurs yeux, sous leurs mains, tous les renseignemens nécessaires sur les hommes et les choses?

Je ne parle ici que des services qui ont constamment eu lieu dans l'intérieur, tels que :

Le gîte et geolage,

Le chauffage des troupes,

Les lumières et chauffage des corps-de-garde,

Le casernement, les lits militaires,

Les convois, transports directs et indirects,

L'habillement, l'équipement, l'armement, le harnachement,

Les fourrages,
Les vivres pain,
Les vivres viande,
Le génie,
L'artillerie,
Les hôpitaux sédentaires,
Les hospices civils,
Les remontes.

Ces divers services soumis à leur liquidation préparatoire dans chaque département, seraient apurés avec plus d'impartialité et de succès.

Ne conviendrait-il pas de former à cet effet, dans chaque département, un conseil d'administration composé du Préfet, du Maréchal-de-camp commandant le département, du Sous-Intendant militaire, du Payeur, du receveur général des contributions, de trois officiers en demi-solde ou en retraite, pris dans différentes armes, et d'un ancien Commissaire des guerres, pour la garde des archives et le matériel du travail de la commission.

Ce conseil d'administration, à qui on ferait l'envoi des comptabilités, documens, réclamations, etc., serait à même d'examiner les faits, d'apprécier les circonstances de pertes, d'avaries, de consommations extraordinaires, de mutations; les époques, les causes, les effets qui se rattachent à ces diverses circonstances; d'interroger l'opinion publique sur la moralité des fournisseurs partiels.

Ce conseil puiserait d'ailleurs dans les archives des autorités civiles et militaires, tous les documens nécessaires à constater la valeur et la quotité des consommations.

D'après ce travail, suivi simultanément dans tous les départemens, la liquidation des services intérieurs marcherait rapidement, et les bureaux de la liquidation, à Paris, n'auraient plus à faire qu'une simple revision.

Il faudra à la liquidation un bien moindre nombre d'employés, et en supposant qu'il fallût donner le traitement d'activité au secrétaire et à deux commis de chaque commission départementale, cette dépense sera plus que compensée par les rectifications qu'elle opérera nécessairement dans la masse des dépenses; et ce travail préparatoire de ces conseils d'administration, épargnera à la liquidation générale, ces lacunes qui arrêtent à chaque instant la marche des travaux. Avec beaucoup moins de commis, au ministère, on obtiendra plus de résultat.

Ce mode de liquidation offre le triple avantage d'un travail plus sûr, plus prompt, et moins dispendieux.

Ne conviendrait-il pas également de charger ces conseils d'administration de l'apurement préparatoire de la *solde arriérée*, due aux militaires domiciliés dans les départements, sans avoir égard aux ventes, ou concessions, que ces militaires auraient pu faire de leur solde, à ces spéculateurs, la plupart plus avides que délicats, et qui abondent à Paris, sous le nom de *Receveur de rentes et pensions*, quoiqu'ils n'aient nul droit de prendre ce titre, qui, sous une fausse apparence, usurpe une considération qui n'appartient qu'à de véritables fonctionnaires publics.

L'exécution du mode préparatoire, que je propose pour les services intérieurs et la solde arriérée, aurait le précieux avantage de prévenir ou rectifier les doubles emplois.

La liquidation du supplément des fourrages dû à la gendarmerie, et en général tout ce qui tient à un service local, pourrait être compris dans les attributions de ces conseils.

Leur travail préparatoire servirait de base à l'expédition des ordonnances de paiement.

Il résulterait évidemment de l'adoption de ce mode de liquidation par localité :

1°. Célérité dans le travail, puisqu'il s'opé-
rerait en même temps dans toute la France.

2°. Économie dans les frais d'administration, qui se réduiraient aux frais de bureau
de chaque commission ; frais toujours moins
élevés dans les départements qu'à Paris.

3°. Exactitude dans la fixation des consommations à solder par le trésor public ;

4°. La liquidation définitive et prompte des
comptabilités devenues exactes ; le rejet défi-
nitif de celles qui résulteraient d'un double
emploi, ou qui seraient défectueuses sous d'autres rapports ;

5°. Fixation de la dette publique dans toutes
ses diverses parties. La solution de cet affli-
geant problème, tient aux plus grands intérêts
du gouvernement et des citoyens ;

6°. L'admission journalière de nouvelles
créances à liquider, assujettie enfin à une époque fixe et invariable ;

7°. Enfin la distinction importante dans la
liquidation des dépenses militaires de l'intérieur de la France, et de celles qui ont eu lieu
hors des frontières, avant 1814.

§. XIX. *Dépenses hors des frontières.*

Il ne resterait plus dès-lors qu'à procéder

à la liquidation des dépenses extérieures, avant 1814.

Les dépenses de ce genre ont, ainsi que je l'ai déjà fait observer, la plus grande affinité avec les créances réclamées par les Puissances étrangères et leurs sujets.

Elles doivent se contrôler l'une par l'autre. On ne peut espérer arriver à ce but, qu'après avoir établi un mode régulateur des premières opérations administratives aux armées.

La rédaction de ce mode régulateur, pourrait être confiée à une section spéciale de la Cour des comptes.

Cette Cour a déjà, dans ses greffes, tous les comptes rendus par le trésor public.

Pour compléter ce travail, cette commission pourrait établir des conférences avec la commission mixte, organisée pour établir la situation financière active et passive de la France, et des Puissances étrangères.

Il en résulterait un ordre tel, que les motifs et les quotités des dépenses seraient fixés d'une manière incontestable, et détermineraient la légitimité des créances, et que celles mal fondées seraient rejetées de la liquidation.

Delà un ordre certain, une clarté évidente dans le classement, l'emploi des crédits, leur accroissement, et enfin dans leur application aux liquidations partielles, dont toutes les parties se coordonneraient tout naturellement.

Cette partie préparatoire du travail général une fois terminée, il ne s'agirait plus que d'adopter une base positive, pour connaître exactement la masse des besoins qui ont pu provoquer les dépenses effectuées.

Et pour obtenir cette base positive, il suffirait, 1°. de constater l'effectif des armées, d'après les revues de solde, ou les états de quinzaine, portant mutations;

2°. D'établir le décompte général par nature de consommations, déduction faite des paiemens faits par le trésor.

La différence sera le solde dû aux créanciers français et aux Puissances étrangères, ou à leurs sujets.

En dernière analyse, la déduction de cette différence des créances des Puissances étrangères et de leurs sujets, fixerait le taux exigible des comptabilités soumises à la liquidation, auxquelles il conviendrait d'appliquer partiellement les divisions de ce décompte général, qui leur seraient relatives, en raison des circonstances et des lieux où les consommations auraient été effectuées.

Il me suffira de justifier cette assertion par un exemple :

Que l'on suppose qu'une armée ait eu un effectif de *cent mille* hommes, ayant chacun indistinctement droit à une ration de vivres.

Le Gouvernement devait donc faire une dépense journalière de cent mille rations de vivres.

Que l'on suppose aussi que cette dépense, en deniers, s'élève à trois millions.

Le trésor de France n'aura fait contribuer à cette dépense que pour un million, resterait donc un complément de deux millions à fournir.

Les fournisseurs ou comptables français se présentent en liquidation pour une masse de dépenses de vivres faites à cette armée, et portent leurs prétentions à quinze cent mille francs.

Mais les contributions de guerre auront contribué à cette dépense pour une somme quelconque.

Les Autorités locales étrangères auraient également pourvu à cette nature de dépense, et réclament au Gouvernement français le montant de leurs avances.

Si ces diverses liquidations s'apurent isolément, comment pourrait-on, sans un examen contradictoire, régler les droits des diverses parties qui ont contribué à cette dépense, et éviter les doubles emplois ?

Si au contraire ces liquidations étaient mises en rapport, d'après une base régulatrice comprenant toutes les premières opérations administratives, on découvrirait que dans l'hypothèse proposée,

La dépense du trésor est de . . . 1,000,000

Celle des contributions de guerre de. 800,000

Celles des Autorités locales et étrangères, de 600,000

Il en résultera que celles des fournisseurs ou comptables français, devra être réduite, de 1,500,000 francs, à 600,000

Puisque d'après l'effectif constaté, la totalité de la dépense ne peut être que de 3,000,000

Rien de plus facile que d'appliquer ce résultat aux divisions de détails, provenant de l'emploi des consommations d'une armée, par corps d'armée, par division, par brigade, par régiment, suivant la force de l'effectif de chaque portion de parties prenantes.

Ce principe régulateur de liquidation, aur-rait lieu pour toutes les natures de dépenses.

Son application débarrasserait à jamais le ministère de tout arriéré, et tracerait la ligne de démarcation entre le passé et le présent.

Ainsi toutes les branches de l'administration publique, combinées sur un système uniforme de liquidation, seraient réduites à leurs véri-tables éléments.

Les exercices s'apureraient successivement sans lacunes et sans entraves, et l'on pourrait dès-lors fixer le terme de cet arriéré, dont la liquidation est regardée jusqu'à présent comme interminable, et l'on arriverait enfin à la liqui-dation des seules dépenses constatées.

§. XX. *Mode de paiement de l'arriéré de la Dette publique.*

Le mode de paiement en rente, n'est qu'un palliatif momentané. On souffre moins; mais en calmant la douleur du moment, on s'en prépare de plus vives pour l'avenir : il faut toujours finir par payer le capital. Et, telle est la conséquence du système erroné suivi pour les liquidations, que l'on ne peut mesurer l'é-tendue des obligations du trésor : on se traîne, en tâtonnant dans un chaos ténébreux, dans un labyrinthe immense et sans issue connue. Il serait cependant nécessaire de découvrir cette issue, de saisir le fil d'Ariane, et d'éviter l'atteinte de cet autre monstre dévorant, qu'on appelle *déficit*.

Ce mode libérateur, je crois l'avoir indiqué.

Qu'il me soit permis d'en déterminer aussi l'application par un exemple.

L'hypothèse que je pose n'est point exagérée.

Je ne suppose un état de choses au dessus de nos charges, ni au dessous de nos moyens de libération.

Admettons que la dette publique arriérée, s'élève à un *milliard* actuellement exigible, sans aucune reprise en compensation.

Ne serait-il pas possible d'en effectuer le paiement en capital et intérêts, dans l'espace de vingt années, en faisant suivre, dans une progression décroissante, le capital et les intérêts, année par année.

TABLEAU de progression décroissante du capital et des intérêts de la dette publique, en payant annuellement un vingtième du capital.

ANNÉES.	CAPITAL SUPPOSÉ DE LA DETTE PUBLIQUE.	INTÉRÊTS.	Surcroit unique d'impôt nécessaire la 1re année, pour payer annuellement le 20e du capital et les intérêts.	PROGRESSION DÉCROISSANTE ANNUELLE		
				DU CAPITAL.	DES INTÉRÊTS.	DU SURCROIT DE L'IMPÔT.
1re.	1,000,000,000	50,000,0 0	100,000,000	950,000,000	47,500,000	2,500,000
2e.				900,000,000	45,000,000	5,000,000
3e.				850,000,000	42,500,000	7,500,000
4e.				800,000,000	40,000,000	10,000,000
5e.				750,000,000	37,500,000	12,500,000
6e.				700,000,000	35,000,000	15,000,000
7e.				650,000,000	32,500,000	17,500,000
8e.				600,000,000	30,000,000	20,000,000
9e.				550,000,000	27,500,000	22,500,000
10e.				500,000,000	25,000,000	25,000,000
11e.				450,000,000	22,500,000	27,500,000
12e.				400,000,000	20,000,000	30,000,000
13e.				350,000,000	17,500,000	32,500,000
14e.				300,000,000	15,000,000	35,000,000
15e.				250,000,000	12,500,000	37,500,000
16e.				200,000,000	10,000,000	40,000,000
17e.				150,000,000	7,500,000	42,500,000
18e.				100,000,000	5,000,000	45,000,000
19e.				50,000,000	2,500,000	47,000,000
20e.				»	»	»

Par l'application de ce mode un milliard cinq cent quinze millions suffiraient pour éteindre sans retour cette dette supposée être la dette publique.

L'impôt ne serait augmenté pour la première année que de cent millions et éprouverait une décroissance successive à chacune des années suivantes, de sorte qu'à l'expiration de la vingtième année l'Etat serait entièrement libéré.

La certitude des paiemens inspirerait une confiance aussi étendue que méritée. Dèslors plus de fluctuations désastreuses dans le cours des effets publics.

Les capitalistes assurés de la rentrée de leurs valeurs, s'empresseraient de livrer leurs capitaux à la circulation.

L'industrie agricole et manufacturière, les arts, le commerce reprendraient la plus heureuse activité : les moyens de libération progressive résulteraient de cette équitable combinaison des recettes et des dépenses.

Le système actuellement adopté ne peut offrir aucune garantie : il ajoute au sentiment des maux présents la crainte d'un funeste avenir.

Comparons les résultats du mode proposé

et de celui dont vingt ans d'expérience ont démontré l'erreur et les dangers.

D'après le mode proposé
une dette de . . . . . . 1,000,000,000 f.

Serait éteinte en capital
et intérêts, par 1,515,000,000

Tandis que par le mode suivi, il en coutera pendant vingt ans en solde d'intérêts seulement, un milliard (1) . . . 1,000,000,000 f.

Et la dette n'étant pas
éteinte l'état sera toujours
grevé de la même dette d'un
milliard 1,000,000,000

La dépense sera alors de   2,000,000,000

Celle du mode proposé et
la dette éteinte est de   .   1,515,000,000

Economie   485,000,000

A cet avantage, dont l'évidence ne peut-être nullement contestée, se joint celui non moins précieux de faire cesser la circulation

____

(1) En supposant un état de choses ordinaires, c'est-à-dire, en supposant que pendant ce long espace de temps, il n'arrive aucun de ces évènemens que toute la prudence humaine ne peut prévoir ni éviter, et dont les effets pourraient affaiblir ou sus-pendre les moyens de libération.

de cette masse de papier, pour ainsi dire, monnaie, aliment perpétuel et désastreux de l'agiotage, dont la prodigieuse émission, prouve moins le crédit réel que l'embarras des autorités ou des compagnies financières.

Qu'on ne s'y méprenne point : l'abondance du numéraire dans les caisses publiques, est loin d'être un signe de prospérité ; lorsqu'il provient d'impôts au-dessus de toute proportion, il a ravi à l'industrie, à l'agriculture des capitaux reproductifs, et les contribuables n'ayant plus la faculté de reproduire, s'appauvrissent d'autant : les fortunes particulières diminuent dans la proportion des capitaux reproductifs, et la fortune publique languit dans une agonie alarmante pour la sûreté de l'état.

Conclusion.

Connaitre la juste quotité de ses dettes, trouver les moyens de les acquitter sans imposer de nouvelles charges au-dessus des forces des contribuables, telles sont les deux questions que je me suis proposé de résoudre dans cet essai.

En remontant aux causes premières des dépenses, en les liant aux effets qu'elles ont dû produire, on obtiendra sans effort la juste mesure du moral des créances.

Le travail des bureaux sera moins embarrassant, moins minutieux.

Ce ne sera plus en pointillant sur des détails, en multipliant les chiffres, les écritures, pour s'assurer s'il n'y a pas eu transposition, ou omission dans un *tableau de trente à quarante colonnes*, enfin en employant un temps infini pour arriver à la merveilleuse découverte d'une erreur de *cinquante centimes*, ou d'une pièce informe.

En opérant au contraire au milieu des documens, et, pour les services de l'intérieur, sur les lieux mêmes, les consommations, les évènemens de force majeure, seront réduits à leur juste valeur.

La priorité dans les liquidations cessera d'être un motif de calcul, puisqu'elles auront lieu simultanément.

Ce nouveau système sera conforme à la justice et aux intérêts du trésor.

Le mode de libération proposé est d'une exécution facile, et ne donne point lieu à une forte augmentation d'impôt.

Il est au contraire démontré que les sommes nécessaires chaque année à l'extinction progressive du capital et des intérêts, diminuent dans une proportion décroissante.

Les recouvremens seront d'autant plus faciles, que les contribuables auront la certitude de voir enfin combler l'abyme du déficit.

Je n'ai point l'orgueil de prétendre qu'il ne soit possible de mieux faire. Puisse-je en avoir provoqué la publicité et l'application. D'autres peuvent être plus habiles, mais n'auront point plus de zèle et de franchise.